Osterhas, Osterhas

Osterhas, Osterhas,
leg uns recht viel Eier ins Gras,
trag sie in die Hecken,
tu sie gut verstecken;
leg uns lauter rechte,
leg uns keine schlechte,
lauter bunte, unten und oben,
dann wollen wir dich bis Pfingsten loben!

Victor Blüthgen

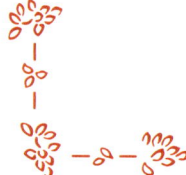
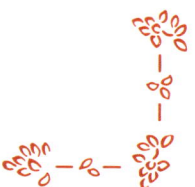

Beatrix Potter

Frohe Ostern

Heitere Geschichten & Gedanken

benno

Erste Frühlingsahnung

Rosa Wölkchen überm Wald
Wissen noch vom Abendrot dahinter –
Überwunden ist der Winter,
Frühling kommt nun bald.
Unterm Monde silberweiß,
Zwischen Wipfeln, schwarz und kraus,
Flügelt eine Fledermaus
Ihren ersten Kreis …
Rosa Wölkchen überm Wald
Wissen noch vom Abendrot dahinter –
Überwunden ist der Winter,
Frühling kommt nun bald.

Christian Morgenstern

Osterhas

Sprang der Osterhas
durch die grünende Welt;
Kinder und Verliebte
suchten im sonnigen Feld.

Welch ein schönes Nest
hat mein Liebchen entdeckt!
Unterm Veilchenbusch
fein war es versteckt.

Viele schöne Eier
lagen glänzend drin,
und mein jubelndes Liebchen
kauerte neben es hin.

„Eier rosenrot!
Eier himmelblau!
Keins von ihnen schwarz!
Keins von ihnen grau!"

Die rosenroten
waren voll Küsse;
die himmelblauen
waren voll Lieder –
und Dämmerung ward es,
eh' wir nach Haus kamen.

Wilhelm Raabe

Winter und Frühling

Der Winter spottete über den Frühling und schalt: „Sobald du dich sehen lässt, hat keiner mehr Ruhe: Wer seine Freude dran hat, läuft in die Wiesen und Haine, um Blüten und Blumen oder gar eine Rose zu pflücken und zu betrachten oder ins Haar zu tun; ein andrer besteigt ein Schiff und wagt sich aufs Meer, und wenn er Glück hat, kommt er zu den andern Menschen. Und keiner sorgt sich mehr um Winde oder Regenwetter. Ich aber gleiche einem selbstherrlichen Gebieter: Da darf keiner zum Himmel aufblicken, man muss voller Angst und Zittern die Nase ständig auf der Erde haben und manchmal ganze Tage in der Stube zubringen und noch zufrieden damit sein."

„Darum sind auch die Menschen so froh, wenn sie dich loswerden", versetzte der Frühling, „während sie bei mir schon den bloßen Namen schön finden, und es ist ja auch wahrhaftig der schönste aller Namen. Wenn ich nicht da bin, denken sie meiner, und wenn ich mich zeige, sind sie froh."

Äsop

Das Häslein

Unterm Schirme, tief im Tann,
hab ich heut gelegen,
durch die schweren Zweige rann
reicher Sommerregen.

Plötzlich rauscht das nasse Gras –
stille! Nicht gemuckt!
Mir zur Seite duckt
sich ein junger Has.

Dummes Häschen,
bist du blind?
Hat dein Näschen
keinen Wind?

Doch das Häschen, unbewegt,
nutzt, was ihm beschieden,
Ohren, weit zurückgelegt,
Miene, schlau zufrieden.

Ohne Atem lieg ich fast,
lass die Mücken sitzen;
still besieht mein kleiner Gast
meine Stiefelspitzen …

Um uns beide – tropf – tropf – tropf –
traut eintönig Rauschen …
Auf dem Schirmdach – klopf – klopf – klopf …
Und wir lauschen … lauschen …

Wunderwürzig kommt ein Duft
durch den Wald geflogen;
Häschen schnuppert in die Luft,
fühlt sich fortgezogen.

Schiebt gemächlich seitwärts, macht
Männchen aller Ecken …
Herzlich hab ich aufgelacht –:
Ei, der wilde Schrecken!

Christian Morgenstern

Wie der April den März besuchte

Einmal wollte der März den April foppen. Und der kluge Mai gab dem April die besten Ratschläge. „Na, warte!", rief der März ärgerlich. „Das werde ich dir heimzahlen!" Und seitdem schickt er dem Mai jedes Jahr noch ein paar tüchtige Nachtfröste.

Lange ist's her, da lud der März den April zu Gaste. Der fuhr mit seinem Wagen los, musste aber umkehren, weil der März Schnee und Frost schickte.

Im nächsten Jahr versuchte es der April mit seinem Schlitten. Aber da machte es der März warm, sodass er wieder zurückmusste. Unterwegs begegnete er dem Mai, dem er seine Not klagte: „Wie oft habe ich den März besuchen wollen; aber weder mit dem Wagen noch mit dem Schlitten erreiche ich ihn. Fahre ich mit dem Wagen, wird's Winter; nehme ich den Schlitten, dann regnet es, dass man weder mit dem Wagen noch mit dem Schlitten durchkann."

Da sagte der Mai: „Ich will dir raten: Nimm den Wagen, den Schlitten und ein Boot, dann kannst du durchkommen."

Im nächsten Jahr tat der April, wie ihm der Mai geraten hatte, und fuhr los. Der März sandte warmes Wetter und der Schnee taute. Da packte der April den Schlitten und das Boot auf den Wagen und fuhr weiter. Kurz darauf wurde es wieder kalt, es fror und schneite; aber der April packte alles auf den Schlitten und kam weiter. Zuletzt trat Tauwetter ein, und die Wassermassen überschwemmten alles. Da lud der April Wagen und Schlitten ins Boot und gelangte so zum März. Der war erstaunt, denn er hatte den April doch foppen wollen. „Wer hat dir gesagt, was man tun muss, um zu mir zu kommen?", fragte er.

„Das war der Mai!", sagte der April.

Da rief der März: „Na warte, Mai, das will ich dir heimzahlen!", und schickte dem Mai ein paar tüchtige Nachtfröste.

Und das tut er nun jedes Jahr, weil er dem Mai noch immer zürnt; und der April ist seitdem auf jedes Wetter eingerichtet.

Volksmärchen

Der erste Ostertag

Fünf Hasen, die saßen
beisammen dicht,
es machte ein jeder
ein traurig' Gesicht.
Sie jammern und weinen:
Die Sonn' will nicht scheinen!

Bei so vielem Regen,
wie kann man da legen
den Kindern ein Ei?
O weih, o weih!
Da sagte der König:
So schweigt doch ein wenig!
Lasst Weinen und Sorgen,
wir legen sie morgen!

Heinrich Hoffmann

Unterm Baum im grünen Gras

Unterm Baum im grünen Gras
sitzt ein kleiner Osterhas'!
Putzt den Bart und spitzt das Ohr,
macht ein Männchen, guckt hervor.

Springt dann fort mit einem Satz
und ein kleiner frecher Spatz
schaut jetzt nach, was denn dort sei.
und was ist's? Ein Osterei!

Unbekannt

Die Sonne geht im Osten auf

Die Sonne geht im Osten auf,
der Osterhas' beginnt den Lauf.
Um seinen Korb voll Eier sitzen
drei Häslein, die die Ohren spitzen.
Der Osterhas' bringt just ein Ei –
da fliegt ein Schmetterling herbei.
Dahinter strahlt das blaue Meer
mit Sandstrand vorne und umher.
Der Osterhas' ist eben fertig –
das Kurtchen auch schon gegenwärtig!
Nesthäckchen findet eins, zwei, drei,
ein rot, ein blau, ein lila Ei.
Ein Ei in jedem Blumenkelche!

Seht, seht, selbst hier, selbst dort sind welche!
Ermüdet leicht im Morgenschein
schlief Kurtchen auf der Wiese ein.
Die Glocken läuten bim, bam, baum,
und Kurtchen lächelt zart im Traum.
Di di didl dum dei,
wir tanzen mit unsern Hasen
umgefasst, zwei und zwei,
auf schönem, grünen Rasen.

Christian Morgenstern

Osterhase

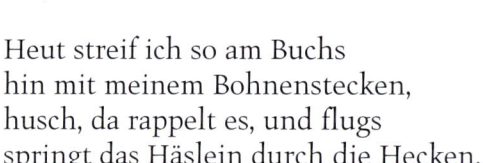

Die Kinder springen um den Vater her;
der Vater weiß gar eine lust'ge Mär:
Hab ich mir's schon längst gedacht,
ist der Schnee einmal gewichen,
eh wir's denken, über Nacht,
kommt das Häslein auch geschlichen.

Heut streif ich so am Buchs
hin mit meinem Bohnenstecken,
husch, da rappelt es, und flugs
springt das Häslein durch die Hecken.

Und in einem dicken Strauch
bleibt es losend wieder hocken;
mäuschenstille schleich ich auch
gleich ihm nach als wie auf Socken.

Und da sitzt's in Heu und Moos,
Eier ringsumher im Kreise,
schier wie meine Faust so groß,
gelbe, rote, blaue, weiße.

Kinder! Nun nach altem Brauch
wollen wir das Häslein jagen.
Wer es fängt, der darf dann auch
heim die schönen Eier tragen.

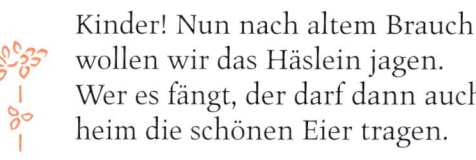

Klitsch und klatsch! Heraus, heraus!
Häslein mit den langen Ohren,
ist dein Nest am Gartenhaus
oder bei den Brunnenrohren?

Pitsch und patsch! Hervor, Hervor!
Häslein mit den kurzen Beinen,
ist dein Nest am Scheunentor
oder bei den Wiesenzäunen?

Klitsch und klatsch! Ohn Unterlass
klopft mit Stecken und mit Stangen.
Pitsch und patsch! Das ist ein Spaß,
bis das Häslein ist gefangen!

Bis die Eier, rot und weiß,
alle wir im Körbchen haben.
Hurtig denn herum im Kreis,
hurtig auf und ab, ihr Knaben!

Unser Nestquack muss jedoch
dort am Gartentürchen passen
und darf ja durch's Schlüsselloch
nicht das Häslein schlupfen lassen.

Friedrich Güll

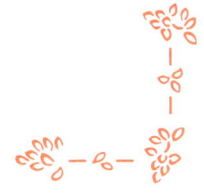

Zwischen Berg und tiefem Tal

Zwischen Berg und tiefem, tiefem Tal,
saßen einst zwei Hasen,
fraßen ab das grüne, grüne Gras,
bis auf den Rasen.

Als sie sich nun satt gefressen hatten,
setzten sie sich nieder,
bis dass der Jäger, Jäger kam
und schoss sie nieder.

Als sie sich nun aufgerappelt hatten
und sie sich besannen,
dass sie noch am Leben, Leben warn,
liefen sie von dannen.

Alte Volksweise

Ein Hase sitzt auf einer Wiese

Ein Hase sitzt auf einer Wiese,
des Glaubens, niemand sähe diese.

Doch, im Besitze eines Zeißes,
betrachtet voll gehalt'nen Fleißes

vom vis-à-vis geleg'nen Berg
ein Mensch den kleinen Löffelzwerg.

Ihn aber blickt hinwiederrum
ein Gott von fern an, mild und stumm.

Christian Morgenstern

Auf ein Ei geschrieben

Ostern ist zwar schon vorbei,
also dies kein Osterei;
doch wer sagt, es sei kein Segen,
wenn im Mai die Hasen legen?
Aus der Pfanne, aus dem Schmalz
schmeckt ein Eilein jedenfalls,
und kurzum, mich täts gaudieren,
dir dies Ei zu präsentieren,
und zugleich tät es mich kitzeln,

dir ein Rätsel draufzukritzeln.
Die Sophisten und die Pfaffen
stritten sich mit viel Geschrei:
Was hat Gott zuerst erschaffen,
wohl die Henne? Wohl das Ei?
Wäre das so schwer zu lösen?
Erstlich ward ein Ei erdacht:
Doch weil noch kein Huhn gewesen,
Schatz, so hats der Has gebracht.

Eduard Möricke

Des Nachts

Des Nachts im Traum auf grünem Rasen
beschenken Paul die Osterhasen.
Zwei Eier legen sie gewandt
ihm auf den Arm und unter die Hand.
Am Himmel steht der Mond und denkt:
Ich werde nicht so schön beschenkt.

Christian Morgenstern

Der Hase und die Frösche

Ein Hase saß in seinem Lager und grübelte. „Wer furchtsam
ist", dachte er, „ist eigentlich unglücklich dran! Nichts kann er
in Frieden genießen, niemals hat er ein ungestörtes Vergnügen,
immer gibt es neue Aufregung für ihn. Ich schlafe vor Angst
schon mit offenen Augen. Das muss anders werden, sagt mir der
Verstand. Aber wie?" So überlegte er. Dabei war er aber immer-
während auf der Hut, denn er war nun einmal misstrauisch
und ängstlich. Ein Geräusch, ein Schatten, ein Nichts – alles
erschreckte ihn schon. Plötzlich hörte er ein leichtes Säuseln.
Sofort sprang er auf und rannte davon. Er hetzte bis an das Ufer
eines Teiches. Da sprangen die aufge-
scheuchten Frösche alle ins Was-
ser. „Oh", sagte der Hase, „sie
fürchten sich vor mir! Da
gibt es also Tiere, die vor
mir, dem Hasen, zittern!
Was bin ich für ein Held!"

Da kann einer noch so
feige sein, er findet immer
einen, der ein noch größe-
rer Feigling ist.

Jean de La Fontaine

Butterblumengelbe Wiesen

Butterblumengelbe Wiesen,
sauerampferrot getönt –
o du überreiches Sprießen,
wie das Aug dich nie verwöhnt!

Wohlgesangdurchschwellte Bäume,
wunderblütenschneebereift –
ja, fürwahr, ihr zeigt uns Träume,
wie die Brust sie kaum begreift.

Christian Morgenstern

Zur Osterfeier

Zur Osterfeier,
da freun wir uns sehr,
da suchen wir Eier
die Kreuz und Quer.
Husch, husch
im Dornenbusch,
flugs, flugs
im grünen Buchs.
Husch, husch, husch, husch!
Flugs, flugs, flugs, flugs!

Heinrich Hoffmann
von Fallersleben

Das Osterei

Hei, juchhei! Kommt herbei!
Suchen wir das Osterei!
Immerfort, hier und dort
und an jedem Ort!
Ist es noch so gut versteckt,
endlich wird es doch entdeckt.
Hier ein Ei! Dort ein Ei!
Bald sind's zwei und drei.
Wer nicht blind, der gewinnt
einen schönen Fund geschwind.
Eier, blau, rot und grau,
kommen bald zur Schau.
Und ich sag's, es bleibt dabei,
gern such' ich ein Osterei:
Zu gering ist kein Ding,
selbst kein Pfifferling.

Heinrich Hoffmann von Fallersleben

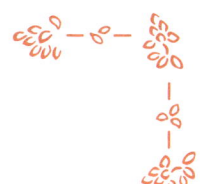

Das kleine Häuschen

Es ist ein Häuschen, weiß und rund,
hat weder Dach noch Mauergrund,
hat weder Fenster, Tür und Tor,
doch geht ein Gast daraus hervor,
kehrt nimmermehr zurück,
zerbricht das Haus in Stücke.
Wer mag der Gast wohl sein
in diesem Häuschen klein?

Lösung: Das Küken im Ei

Bibliografische Information der Deutschen Nationalbibliothek
Die Deutsche Nationalbibliothek verzeichnet diese Publikation in der
Deutschen Nationalbibliografie; detaillierte bibliografische Daten sind im
Internet über http://dnb.d-nb.de abrufbar.

Bildverzeichnis
Alle Illustrationen entstammen der Feder der
Kinderbuchillustratorin Beatrix Potter.

Titel der englischen Originalausgaben:
The Tale of Peter Rabbit (1902)
The Tale of Benjamin Bunny (1904)
The Tale of Mr. Jeremy Fisher (1906)
The Tale of A Fierce Bad Rabbit (1906)
The Tale of Jemima Puddle-Duck (1908)
The Tale of The Flopsy Bunnies (1909)

Besuchen Sie uns im Internet:
www.st-benno.de

Gern informieren wir Sie unverbindlich und aktuell auch in unserem
Newsletter zum Verlagsprogramm, zu Neuerscheinungen und Aktionen.
Einfach anmelden unter www.vivat.de.

ISBN 978-3-7462-6396-0
© St. Benno Verlag GmbH, Leipzig
Zusammenstellung: Volker Bauch, Leipzig
Covermotiv: © SvetaArtStore/Shutterstock.com
Umschlaggestaltung: Ulrike Vetter, Leipzig,
Gesamtherstellung: Arnold & Domnick, Leipzig (E)